JARDINS & BOUQUETS

DIFFUSION MONDIALE/WORLDWIDE DISTRIBUTION: MP BOOKLINE INTERNATIONAL,
PARIS, France.e-mail: mpbookline @aol.com
PRINTED AND BOUND IN FRANCE
Imprimé par AUBIN - B.P. 02 - 86240 Ligugé.

OCTOBRE 1998
DÉPÔT LÉGAL: OCTOBRE 1998
ISBN: 2-906539-10-4
COPYRIGHT - 1998 - ©HFA

Photo de Couverture:
Guillaume DE LAUBIER

JEAN DEMACHY
ET L'ÉQUIPE DE ELLE DÉCORATION*
PRÉSENTENT

LE BEST OF ELLE DECO N°2

CET OUVRAGE A ÉTÉ RÉALISÉ PAR

Marie-Claire BLANCKAERT pour les **JARDINS**
Barbara BOURGOIS pour les **BOUQUETS**
Sylvie ELOY-RIDEL pour la **DIRECTION ARTISTIQUE**

ONT COLLABORÉ À CET OUVRAGE

PHOTOGRAPHIE
Marianne HAAS, Guillaume de LAUBIER
Et aussi:
Alexandre BAILHACHE, Guy BOUCHET, Adriano BRUSAFERRI, Gilles de CHABANEIX,
Jacques DIRAND, Eric FENOUIL, Didier MASSARD,
Patrice PASCAL, Antoine ROZES, Edouard SICOT, Edyna VAN DER WYCK, Claire de VIRIEU

REPORTAGE ET STYLISME
François BAUDOT, Kendell CRONSTROM, Alexandre d'ARNOUX,
Marie-Claude DUMOULIN, Nicolo GRASSI, Marie KALT, Misha de POTESTAD, Zahid SARDAR,
Christian TORTU, Francine VORMESE, Candida ZANELLI

MISE EN PAGE
Marie-France FÈVRE

SECRÉTARIAT DE RÉDACTION
Florence BENZACAR, Stéphanie de LAFORET N'ZALAKANDA, Nancy de RENGERVÉ

COORDINATION
Sylvie ARNOUX

CONSEIL TECHNIQUE
Philippe NIEZ, Philippe BONDUEL

RECHERCHE ICONOGRAPHIQUE
Louis HINI, Géraldine PLAUT

FABRICATION
Pierre GAUTHÉ

NUMÉRISATION DES DOCUMENTS PHOTOGRAPHIQUES
Philippe BAUDRY, Michel LACHAPELLE

TRADUCTION
Louise FINLAY, Judith ROGOFF, Susanne RICARD-KÖNIG,
Karin WALZ, Monique SERANDOUR

PHOTOGRAVURE
HAFIBA

* La marque «Elle Décoration» est propriété de la Société Hachette Filipacchi Presse S.A.
ELLE Décoration est édité par Hachette Filipacchi Associés.

DIRECTEUR DE LA RÉDACTION
Jean DEMACHY

RÉDACTRICE EN CHEF
Paule VERCHÈRE

SOMMAIRE
Contents

L E «BEST OF ELLE DÉCO» QUE VOUS AVEZ ENTRE LES MAINS EST AUX JARDINS CE QUE FUT NOTRE PREMIER VOLUME (PARU EN 1997) À LA MAISON, C'EST-À-DIRE UN CHOIX, DÉCIDÉ EN TOUTE LIBERTÉ, PARMI DES PHOTOS PRISES AU COURS DES DIX PREMIÈRES ANNÉES D'EXISTENCE DE NOTRE MAGAZINE.

NOUS N'AVONS JAMAIS EU L'OUTRECUIDANCE DE NOUS PRÉTENDRE ARCHITECTES OU DÉCORATEURS PAS PLUS QUE NOUS NE NOUS CONSIDÉRONS AUJOURD'HUI, AVEC CE NOUVEL OUVRAGE, COMME DES PAYSAGISTES OU DES HORTICULTEURS. NOUS AGISSONS PAR AMOUR DES MAISONS COMME DES JARDINS.

SOUCIEUX D'AIDER NOS LECTEURS EN LEUR PRÉSENTANT DES EXEMPLES DONT ILS POURRAIENT S'INSPIRER POUR LEURS PROPRES JARDINS, NOUS AVONS RÉSISTÉ À LA TENTATION DE SÉLECTIONNER DES PARCS PAR TROP SOMPTUEUX POUR NOUS EN TENIR À DES RÉALISATIONS PLUS ACCESSIBLES: JARDINS MÉDITERRANÉENS, ARCHITECTURÉS, EXOTIQUES, POTAGERS, JARDINS DE COLLECTIONNEURS ET DE DÉCORATEURS.

DANS LE CHAPITRE CONSACRÉ AUX JARDINS DE DÉCORATEURS ET CRÉATEURS COMME DAVID HICKS, JOHN STEFANIDIS OU FRANÇOIS CATROUX, PLUS PASSIONNÉS QUE VÉRITABLEMENT SPÉCIALISTES, VOUS CONSTATEREZ QU'ILS TRAITENT L'ESPACE À L'EXTÉRIEUR COMME ILS ONT PRIS L'HABITUDE DE LE TRAITER À L'INTÉRIEUR: LA DISTRIBUTION DES PIÈCES FAIT PLACE À DES CHAMBRES DE VERDURE COMMUNIQUANT ENTRE ELLES PAR DES PORTES, LES BANCS JOUENT ALORS DANS L'ESPACE LE RÔLE DES CANAPÉS...

VOUS REMARQUEREZ AUSSI QUE LES COLLECTIONNEURS DE PLANTES SONT TOUT AUSSI ENTHOUSIASTES ET OBNUBILÉS QUE LES COLLECTIONNEURS D'OBJETS OU DE TABLEAUX.

POUR FINIR, VOUS NOTEREZ QUE CERTAINS ESTHÈTES DES POTAGERS, SUIVANT EN CELA LE FAMEUX EXEMPLE DE VILLANDRY, N'HÉSITENT PAS À MÉLANGER LES FLEURS AVEC LES SALADES ET LES POIREAUX POUR UNE ÉBLOUISSANTE ET AUDACIEUSE COHABITATION.

DANS NOTRE DERNIER CHAPITRE NOS STYLISTES, AIDÉES PAR LES MEILLEURS FLEURISTES DE PARIS ET DE ROME, VOUS PROPOSENT DES ARRANGEMENTS FLORAUX TOTALEMENT INÉDITS ET ORIGINAUX. AINSI, LA BOUCLE EST BOUCLÉE: LA NATURE RETOURNE À LA MAISON SOUS LA FORME D'UN BOUQUET ET L'ESPRIT MÊME DE LA DÉCORATION EST RETROUVÉE.

T HE «BEST OF ELLE DÉCO» THAT YOU HAVE BEFORE YOU IS TO GARDENS WHAT OUR FIRST VOLUME (PUBLISHED IN 1977) WAS TO THE HOME. IT IS A SELECTION OF ALL THE PHOTOGRAPHS TAKEN DURING THE PAST TEN YEARS OF OUR MAGAZINE.

WE WOULD NEVER BE SO PRESUMPTUOUS AS TO PROCLAIM OURSELVES ARCHITECTS OR INTERIOR DESIGNERSAND WITH THIS NEW BOOK, WE CERTAINLY DO NOT CONSIDER OURSELVES TO BE LANDSCAPE ARCHITECTS OR HORTICULTURAL EXPERTS. WE ARE SIMPLY ACTING OUT OF OUR LOVE FOR HOMES AND GARDENS.

WE RESISTED CHOOSING EXAMPLES OF PARKS THAT ARE TOO SUMPTUOUS FOR OUR READERS TO IMITATE, PREFERING INSTEAD TO OFFER THEM MORE ACCESSIBLE EXAMPLES WHICH MAY SERVE AS A SOURCE OF INSPIRATION FOR THEIR OWN GARDENS. HENCE THE FOLLOWING SELECTION - MEDITERRANEAN GARDENS, FORMAL , EXOTIC , KITCHEN, COLLECTORS' AND DESIGNERS' GARDENS.

IN THE CHAPTER DEVOTED TO GARDENS OF DESIGNERS SUCH AS DAVID HICKS, JOHN STEFANIDIS OR FRANÇOIS CATROUX, FOR WHOM GARDENING IS MORE A PASSION THAN A SPECIALITY, YOU WILL NOTICE THAT THEY HAVE CREATED THEIR GARDENS IN THE SAME ESPRIT AS THE INTERIOR OF THEIR HOMES. THESE GARDENS, SWATHED IN GREENERY, ARE DIVIDED INTO ROOMS LINKED BY DOORS AND BENCHES IMITATE SOFAS...

YOU WILL ALSO NOTICE THAT PEOPLE WHO COLLECT PLANTS ARE JUST AS ENTHUSIASTIC AND FERVENT AS THOSE WHO COLLECT OBJETS D'ART OR PAINTINGS.

TO CONCLUDE, YOU WILL SEE THAT CERTAIN KITCHEN GARDEN AESTHETES, INSPIRED BY THE FAMOUS EXAMPLE AT VILLANDRY, ARE NOT AFRAID OF COMBINING FLOWERS WITH LEEKS AND LETTUCES IN ORDER TO OBTAIN AUDACIOUS AND STUNNING COMPOSITIONS.

IN THE LAST CHAPTER, OUR DESIGNERS, ADVISED BY THE BEST FLORISTS IN PARIS AND ROME, OFFER YOU A TOTALLY ORIGINAL AND UNIQUE SELECTION OF FLORAL ARRANGEMENTS.

HENCE, THE CIRCLE IS COMPLETE - NATURE RETURNS TO THE HOME IN THE FORM OF A BOUQUET AND WE ARE REUNITED WITH THE SPIRIT OF DECORATION.

FORMAL GARDENS
JARDINS ARCHITECTURÉS

FORMAL GARDENS

A GAUCHE

Dans ce petit jardin de l'Ile-de-France,
les deux ifs taillés ouvrent sur la petite cour
d'entrée. Au pied de l'if de gauche,
une aubépine (*Crataegus*) est taillée en forme
de banquette. On remarque à droite
le chèvrefeuille arbustif *(Lonicera nitida)*, à qui
l'on a donné la forme de fauteuil.

LEFT

In this small Parisian garden, two clipped
yews open on to a courtyard.
On the left, at the foot of the yew, a hawthorne
(Crataegus) has been clipped to form
a garden bench. To the right, a honeysuckle bush
(Lonicera nitida) in the shape of an armchair.

PAGE SUIVANTE

Dans un jardin de l'Oxfordshire créé
il y a près de 200 ans, deux grands ifs ponctuent
ce jeu d'échecs en buis.

FOLLOWING PAGE

In an Oxfordshire garden,
created almost 200 years ago, two majestic yews
punctuate a chess board sculpted in box.

Jardins Architecturés
Formal Gardens

CI-DESSUS Dans le patio de la villa Balbianello,
sur le lac de Côme, les colonnes sont recouvertes d'une plante grimpante (*Ficus repens*) taillée en guirlandes.
ABOVE On the patio of the Villa Balbianello,
by Lake Como, the columns are adorned with climbers (*Ficus repens*) that have been shaped into garlands.

A DROITE Dans ce jardin, ce poirier en espalier
a été palissé pour suivre l'architecture de la maison faite de briques et de pierres.
RIGHT In this garden, an espalier pear tree
has been trained along this a stone and brick wall to emphasize the style of the house.

PAGE PRÉCÉDENTE
Au prieuré d'Orsan, créé par Sonia Lesot et Patrice Taravella,
derrière la gloriette en châtaignier pousse un cognassier *(Cydonia)*. Au fond,
on aperçoit les vignes de cépages chenin blanc.

PREVIOUS PAGE
At the Orsan Priory, in the garden designed by Sonia Lesot
and Patrice Tavarella, a quince tree (*Cydonia*) has been planted behind
the chestnut wood summer house.
In the background, barely visible, the vineyards 'chenin blanc' variety.

PAGE SUIVANTE
Au centre du labyrinthe du prieuré d'Orsan, le pommier 'Paradis'
est entouré de pruniers 'Sainte Catherine'. Au premier plan,
mélange de cosmos, de sauges officinales (*Salvia officinalis*) et de jeunes
plants de laitues. Au fond, quelques potirons.

FOLLOWING PAGE
In the centre of the Orsan Priory maze, a 'Paradis' apple tree is surrounded
by 'Sainte Catherine' plum trees. In the foreground,
a composition of cosmos, sages (*Salvia officinalis*) and young lettuce plants.
In the background, several pumpkins.

PAGE PRÉCÉDENTE La piscine est, elle aussi,
entourée de murs d'ifs taillés (*Taxus baccata*). A l'intérieur de la petite chambre, au premier plan, poussent dahlias, mufliers, soucis et œillets d'Inde.
PREVIOUS PAGE The swimming pool is surrounded
by clipped yews (*Taxus baccata*). In the foreground, a collection of dahlias, snapdragons, marigolds and carnations.

On voit au premier plan un if d'Irlande doré et une anémone 'Honorine Jobert' sur fond d'ifs taillés.
On devine dans la chambre suivante les cosmos roses et blancs et les mufliers jaunes.
In the foreground, an Irish yew. A 'Honorine Jobert' anemone has been planted in front of a backdrop of clipped yews.
Just behind, yellow snapdragons and pink and white cosmos.

A GAUCHE
Dans les jardins de l'Alhambra à Grenade, entre les murs
de cyprès taillés (*Cupressus sempervirens*), on aperçoit un olivier (*Olea europea*),
un bigaradier (*Citrus*) et, au fond, une cordilyne.

LEFT
Between the wall of clipped cypress trees (*Cupressus sempervirens*)
in the magnificent Alhambra gardens in Granada, one notices
an olive tree (*Olea europea*), a bitter orange tree (*Citrus*) and a cordyline.

PAGE SUIVANTE
Au premier plan, dans la chambre blanche, les cosmos blancs se mêlent aux
perovskias mauves, aux cinéraires maritimes (*Senecio cineraria*) et aux agératums.

FOLLOWING PAGE
In the foreground of the white area, white cosmos mingle with mauve perowskia,
cineraria maritime (*Senecio cineraria*) and floss flowers (*Ageratum*).

JARDINS ARCHITECTURÉS
FORMAL GARDENS

En Ecosse, l'architecte Charles Jencks a conçu ce jardin
d'inspiration japonaise. Les longues langues de terre moussue rendent hommage à la courbure de l'univers.

This Japanese-inspired garden in Scotland was designed
by architect Charles Jencks. Its long stretches of moss-covered land pay tribute to the undulating forms of natural landscapes.

PAGE PRÉCÉDENTE

A Anvers, dans ce jardin dessiné par Jacques Wirtz, les haies de buis
abritent soit un *Hydrangea villosa*, soit des boules également
en buis. Derrière la topiaire d'oiseau en pot, on peut voir un datura. A gauche,
dans les carrés ceints d'allées engazonnées, on devine du fenouil,
du gypsophile, des alchémilles (*Alchemilla mollis*) et de la sauge (*Salvia sclarea*).

PREVIOUS PAGE

In a garden in Anvers, designed by Jacques Wirtz, box hedges surround
a *Hydrangea villosa* and sculpted box. Behind the topiarian box
sculpture of a bird, there is a datura. On the left, planted squares of fennel,
gyposophila, alchemilla (*Alchemilla mollis*)
and sage (*Salvia sclarea*) have been framed with grass pathways.

PAGE SUIVANTE

Dans les Cotswolds, en Angleterre, se dresse le jardin
de Cornwell Manor; à l'est de la maison et séparé du reste de la propriété
par un "saut de loup", un petit jardin paysagé est composé
de six carrés de buis (*Buxus sempervirens*) au centre desquels se trouve
un laurier du Portugal (*Prunus lusitanica*).

FOLLOWING PAGE

Cornwall Manor Gardens in the Cotswolds, England.
To the east of the house, a "ha-ha" separates a small landscaped garden from the
rest of the property. The garden is composed of six clipped box
(*Buxus sempervirens*) squares. A Portuguese laurel (*Prunus lusitanica*)
has been planted in the middle of each square.

JARDINS ARCHITECTURÉS
FORMAL GARDENS

CI-CONTRE, EN HAUT

Une porte en charme (*Carpinus betulus*) ouvre sur un immense champ de blé.

OPPOSITE, ABOVE

A gateway made out of common hornbeam (*Carpinus betulus*) opens on to a vast courtyard.

CI-CONTRE, EN BAS

A Westwell Manor, on a donné dans la cour d'entrée des formes variées aux ifs *(Taxus baccata)* et aux buis (*Buxus sempervirens*). Sur la maison, à droite, une glycine (*Wisteria*) et à gauche, un céanothe persistant (*Ceanothus*).

OPPOSITE, BELOW

In the courtyard of Westwell Manor, yews (*Taxus baccata*) and box trees (*Buxus sempervirens*) have been clipped into different shapes. Wisteria covers the right wall of the house. To the left, an evergreen Californian lilac (*Ceanothus*).

A DROITE

A Grenade, dans les jardins de l'Alhambra, les cyprès (*Cupressus sempervirens*) ont été taillés en forme de portes.

RIGHT

In the Alhambra gardens in Granada, the cypress trees (*Cupressus sempervirens*) have been clipped into gateways.

PAGE SUIVANTE

Au prieuré d'Orsan, l'allée du promenoir du cloître est délimitée par des haies de charmes (*Carpinus betulus*) qui s'enroulent autour de la structure et des pergolas en châtaignier. Au premier plan, une glycine de Chine (*Wisteria sinensis*).

FOLLOWING PAGE

In the Orsan Priory, the cloister walkway is demarcated by common hornbeam (*Carpinus betulus*) hedges that have been trained up the chestnut wood pergolas. In the foreground, a Chinese wisteria (*Wisteria sinensis*).

JARDINS ARCHITECTURÉS
FORMAL GARDENS

A DROITE Une idée chère au paysagiste Jacques Wirtz,
des murs d'ifs *(Taxus baccata)* taillés au cordeau sur différents niveaux.
RIGHT One of landscape architect Jacques Wirtz's
favourite themes is to clip yew *(Taxus baccata)* into extremely structured formal walls on different levels.

CI-DESSUS Entre les haies et les portes de charmes *(Carpinus betulus)*, un cognassier sur tige *(Cydonia)*.
Le buisson-ardent *(Crataegus)* a été taillé pour suivre la forme des ouvertures de ce garage. Note d'humour: on en a fait pousser une
branche pour former une perruque sur les bois du cerf.
ABOVE A quince tree *(Cydonia)* has been planted between the hornbeam *(Carpinus betulus)* hedges and gateways.
Hawthorn *(Crataegus)* has been clipped to reproduce the facade of this building. On a humorous note, a branch of Pyracantha has been
grown to ressemble a wig on the horns of the stag.

JARDINS ARCHITECTURÉS
FORMAL GARDENS

PAGE PRÉCÉDENTE

Dans le même jardin paysagé par Jacques Wirtz, ce bassin est enfermé
dans une chambre aux murs d'ifs *(Taxus baccata)* en parties hautes, soulignés d'une banquette de buis.

PREVIOUS PAGE

In the same garden designed by Jacques Wirtz,
the pool is enclosed by walls of yew *(Taxus baccata)* of varying heights.

CI-DESSUS

Détails du jardin "à l'italienne" dans la célèbre "Landriana" en Latium: haies de lauriers *(Laurus nobilis)*,
couvre-sols en verveine *(Verbena tenera)* et petits carrés en fusains nains *(Euonymus japonicus* 'Pulchellus').

BELOW

Close-ups of an Italian-style garden in the famous "Landriana" in Latium. Bay laurel hedges *(Laurus nobilis)*
and small squares of dwarf spindle *(Euonymus japonicus* 'Pulchellus') surround a verbena *(Verbena tenera)* flower bed.

A GAUCHE

A Hidcote Manor, on devine derrière le mur d'ifs *(Taxus baccata)*,
un bassin décoré d'un ange puis des topiaires en forme d'oiseaux qui se détachent
sur une haie de hêtres pourpres *(Fagus sylvatica* 'Atropurpurea').

LEFT

At Hidcote Manor, through an opening in the yew hedges
(Taxus baccata), one can see a small pond with a statue of an angel.
Topiares in bird shapes are beautifully set off
by a background of purple beech *(Fagus sylvatica* 'Atropurpurea').

PAGE SUIVANTE

Les cosmos blancs qui s'appuient sur la haie d'ifs
ont été disposés en arrondi avec, en son centre, un banc pour admirer la
perspective des chambres "classées par thème de couleurs".

FOLLOWING PAGE

White cosmos planted in a circular fashion are highlighted
by the surrounding yew hedge. In the centre,
a bench from where one can admire the perspective. Each area
is composed of different colour schemes.

C
JARDINS DE COLLECTIONNEURS
COLLECTORS' GARDENS

JARDINS DE
COLLECTIONNEURS
COLLECTORS'
GARDENS

CI-DESSUS
Rhododendron 'St Tudy'.
ABOVE
A rhododendron 'St Tudy'.

Rhododendron 'Chevalier Félix de Sauvage'.
A rhododendron 'Chevalier Félix de Sauvage'.

PAGE SUIVANTE
Le jardin du parfumeur Jean Laporte est regroupé
en quatre carrés de dahlias délimités
par des allées de gazon, où les variétés sont classées
par harmonies de couleurs.

FOLLOWING PAGE
Perfumer Jean Laporte's garden is divided into
four areas which are planted with dahlias
and demarcated by strips of lawn. The different varieties are harmoniously classed by colour.

JARDINS DE COLLECTIONNEURS
COLLECTORS' GARDENS

CI-DESSOUS

1. Vue générale du jardin de dahlias de Jean Laporte. 2. Dahlia 'Etincelle d'or'. 3. Dahlia 'Clown'. 4. Dahlia 'Altami Dandy'.

BELOW

1. A general view of Jean Laporte's dahlias garden. 2. Dahlia 'Etincelle d'or'. 3. Dahlia 'Clown'. 4. Dahlia 'Altami Dandy'.

1.

2.

3.

4.

PAGE DE GAUCHE

Chez Jean Laporte, un dahlia 'Stephan Bergherof'.

LEFT PAGE

In Jean Laporte's garden, a dahlia 'Stephan Bergherof'.

PAGE SUIVANTE

Gros plan sur le dahlia 'Jean de la Fontaine'.

FOLLOWING PAGE

A close-up of a dahlia 'Jean de la Fontaine'.

JARDINS DE COLLECTIONNEURS
COLLECTORS' GARDENS

CI-DESSOUS
1. Jardin de Jean Laporte. 2. Dahlia 'Rothesay Reveiller'. 3. Dahlia 'Jean de La Fontaine'. 4. Dahlia 'Tabac Blond'.
BELOW
1. Jean Laporte's garden. 2. Dahlia 'Rothesay Reveiller'. 3. Dahlia 'Jean de La Fontaine' 4. Dahlia 'Tabac Blond'.

1.

2.

4.

PAGE DE DROITE Dahlia 'Gerrie Hoek'.
RIGHT PAGE Dahlia 'Gerrie Hoek'.

PAGE SUIVANTE A Blérancourt, l'aster 'Percy Thrower'.
FOLLOWING PAGE At Blérancourt, daisy 'Percy Thrower'.

JARDINS DE COLLECTIONNEURS
COLLECTORS' GARDENS

CI-DESSUS ET PAGE SUIVANTE

A "l'Arboretum des Grandes Bruyères", dans un sous-bois,
une mer de bruyères: on distingue les Erica x darleyensis 'Jenny Porter', 'Margaret Porter' et 'Arthur Johnson'.

ABOVE AND FOLLOWING PAGE

At the "Grandes Bruyères Arboretum", in the forest undergrowth, a mass of heather.
One can distinguish the following heathers: Erica x darleyensis, 'Jenny Porter', 'Margaret Porter' and 'Arthur Johnson'.

DJARDINS DE DÉCORATEURS
ESIGNERS' GARDENS

A GAUCHE

Les carrés de buis enferment lavandes et
santolines. Sur le mur, une clématite *(Clematis montana)*
et un magnolia *(Magnolia grandiflora)*.

LEFT

Squares of box surround lavender and santolinas.
Against the wall, clematis *(Clematis
montana)* and a magnolia *(Magnolia grandiflora)*.

CI-CONTRE
John Stefanidis.

OPPOSITE
John Stefanidis.

JARDINS DE DÉCORATEURS
DESIGNERS' GARDENS

Près de la serre, chambres d'ifs *(Taxus baccata)* taillés en dômes ou en murs de différentes hauteurs.
Au fond, des euphorbes *(Euphorbia characias)*.

In front of the greenhouse, yews *(Taxus baccata)* have been trimmed to create domes and platforms on different levels.
In the background, spurge *(Euphorbia characias)*.

CI-DESSUS Tilleuls *(Tilia)* sur fond de mahonias *(Mahonia x* 'Charity'). **ABOVE** Lime trees *(Tilia)* against a background of mahonias *(Mahonia x* 'Charity').
CI-DESSOUS Pommiers *(Malus)* reliés en cordons. On retrouve les carrés de buis et les pyramides d'ifs.
BELOW Apple trees *(Malus)* linked together. Squares of box and yew clipped into pyramids.

CI-DESSUS Tilleuls en cercle. **ABOVE** A circle of lime trees.
PAGE SUIVANTE Les pommiers *(Malus)* reposent sur des coussins de buis taillés en formes de boules.
FOLLOWING PAGE The apple trees *(Malus)* are surrounded by cushions of box trimmed into spheres.

Même jeu d'ifs et de buis. Une fenêtre dans la haie d'ifs permet de découvrir la campagne.

Same view of yews and box. A window cut out the yew hedge allows us to discover the countryside.

L'élégance des lignes d'ifs tient à une taille soignée effectuée à l'aide de gabarits.

The perfect outlines of the yews are obtained by meticulous trimming and planting frames.

Sculptures de buis adossées aux murs qui permettent de retrouver en perspective la pyramide d'ifs.

Sculptures made from box in front of the walls highlight the perspective toward the pyramids of yews.

Un buisson d'acanthes *(Acanthus)* entoure un banc de part et d'autre.

A mass of acanthes *(Acanthus)* surrounds each side of this bench.

CI-DESSUS De chaque côté de la fontaine, les tilleuls *(Tilia)* sont conduits sur des bambous. Au fond, un mur sombre de hêtre pourpre *(Fagus sylvatica* 'Atropurpurea').
ABOVE On either side of the fountain, lime trees *(Tilia)* are trained up bamboo canes. In the background, a dark wall of purple beech *(Fagus sylvatica* 'Atropurpurea').
CI-DESSOUS Mélange de sédums, de topiaires de buis *(Buxus sempervirens)* en pots. (Ceux-ci n'ont pas de fond ce qui permet aux plantes de s'enraciner dans le sol.)
BELOW A composition of sedums and topiarian box *(Buxus sempervirens)* sculptures in containers. (The bottomless pots permit rooting directly into the ground.)

PAGE PRÉCÉDENTE Chez le décorateur David Hicks, l'allée centrale soigneusement tondue s'oppose aux herbes folles de chaque côté.
Elle sert d'écrin à une gloriette de charme *(Carpinus betulus)*. **PREVIOUS PAGE** This neatly mowed pathway in interior designer David Hicks's garden is framed on both sides
with wild grasses and leads up to his summer house, created with hornbeam *(Carpinus betulus)*.

CI-DESSUS De la verveine *(Verbena)* dans les quatre carrés de buis.
ABOVE Vervain *(Verbena)* surrounded by four squares of box.
CI-DESSOUS Pots de pivoines arbustives *(Paeonia suffruticosa)* noyés dans des carrés de buis qui servent de cache-pots.
BELOW Peony trees *(Paeonia suffruticosa)* planted in pots that are masked by squares of box.

PAGE SUIVANTE Par-delà les cardons en pots *(Cynara cardunculus)* noyés dans une "table" de rosiers sauvages,
des topiaires de buis et de sédums prennent racine dans les carrés de graviers. **FOLLOWING PAGE** In the foreground, cardoons *(Cynara cardunculus)*
in pots are surrounded by wild roses. Box topiarian sculptures and sedum root directly into the squares of gravel.

JARDINS DE DÉCORATEURS
DESIGNERS' GARDENS

PAGE DE GAUCHE Dans le jardin clos de fleurs, abondance de pavots *(Papaver orientale)*, de pivoines *(Paeonia officinalis)*, de digitales *(Digitalis purpurea)* et de roses anciennes.
LEFT PAGE A garden filled with flowers, poppies *(Papaver orientale)*, peonies *(Paeonia officinalis)*, foxgloves *(Digitalis purpurea)* and ancient roses.
CI-DESSUS On aperçoit la fontaine à travers une arche de hêtre pourpre *(Fagus sylvatica* 'Atropurpurea').
ABOVE The fountain is framed with an arch of purple beech *(Fagus sylvatica* 'Atropurpurea').

Vue sur la campagne à travers le hêtre pourpre.
A view of the countryside through the purple beech.

Trouée dans une haie de marronniers *(Aesculus)*.
An opening through chestnut trees *(Aesculus)*.

JARDINS DE DÉCORATEURS
DESIGNERS' GARDENS

PAGE SUIVANTE

Double allée de topiaires de buis et de sédums
avec au fond un double mur de charmes taillés en rideaux *(Carpinus betulus)*.

FOLLOWING PAGE

Two alleys of toparian box sculptures and sedum have been planted in front of hornbeam
(Carpinus betulus) that has been clipped to form a double wall.

Jardins de Décorateurs
DESIGNERS' GARDENS

CI-DESSOUS David Hicks a dessiné des portes de formes différentes pour éviter
que les lapins ne rentrent dans son jardin.

BELOW David Hicks has designed doors in different styles to prevent rabbits from entering his garden.

PAGE DE DROITE Le banc et l'abri permettent
de profiter du jardin par tous les temps.

RIGHT A sheltered bench makes it possible
to enjoy the garden in all weathers.

JARDINS DE DÉCORATEURS
DESIGNERS' GARDENS

Réalisé par Dominique Lafourcade, le jardin de François Catroux est un jeu de feuillages.
Foliage is the central theme in this garden designed for François Catroux by landscape gardener Dominique Lafourcade.

CI-CONTRE
François Catroux.

OPPOSITE
François Catroux.

CI-DESSUS

Derrière un premier plan d'iris *(Iris germanica)*
on aperçoit la composition symétrique
de plantes à feuillages persistants dans des
dégradés de verts et de gris.

ABOVE

Just behind the irises *(Iris germanica)* in
the foreground, one sees the symmetrical design
which has been achieved by using
evergreen plants in various shades of grey and green.

PAGE SUIVANTE

De la terrasse ombragée par une glycine *(Wisteria)*, on voit
la perspective axée sur la piscine et la montagne.
Les carrés de lauriers-tins *(Viburnum tinus)* abritent un jeu de feuillages
verts *(buis, pittosporums)* et gris *(santolines et elaeagnus)*.

FOLLOWING PAGE

The perspective of the swimmingpool and the mountains can be admired
from the terrace that is shaded by wisteria.
Squares of laurier-thyme *(Viburnum tinus)* surround a composition of green
(box, pittosporums) and grey (santolines and elaeagnus) foliage.

JARDINS DE DÉCORATEURS
DESIGNERS' GARDENS

Dans la cour intérieure, le jeu de graviers blancs met en relief
les pots de buis *(Buxus sempervirens)* et de lauriers-roses blancs *(Nerium oleander)*.

White gravel in the courtyard perfectly sets off box *(Buxus sempervirens)*
and white oleander *(Nerium oleander)*.

PAGE SUIVANTE
Derrière ce banc baigné par la fraîcheur d'un bassin, une lisière de pensées *(Viola)*
est cernée de buis *(Buxus sempervirens)* et s'appuie sur un muret
de lierre *(Hedera helix* 'Sagittata'). Dans les grands pots, des citronniers *(Citrus)*
et sur la pergola une glycine du Japon *(Wisteria floribunda* 'Alba').

FOLLOWING PAGE
A bench has been placed at the edge of the pool. Behind, a border of pansies
(Viola) surrounded by box *(Buxus sempervirens)* and ivy *(Hedera helix*
'Sagittata'). Lemon trees *(Citrus)* have been planted in earthenware pots,
and wisteria *(Wistaria floribunda* 'Alba') graces the pergola.

CI-CONTRE
Au premier plan, des banquettes de buis et le long du mur sur lequel Toni Facella a posé des pots de pensées blanches, jaunes et bleues, un ourlet de pittosporums.

OPPOSITE
In the foreground, box has been planted in squares. Pittosporums grows against a wall upon which Toni Facella has placed pots of white, blue and yellow pansies.

CI-DESSOUS
Derrière la haie de buis, un verger et une allée de cerisiers *(Prunus avium)* qui débouchent sur la campagne d'Orvieto.

BELOW
Behind the box hedge, an orchard and an alley of cherry trees *(Prunus avium)* that blend in with the view of the countryside in Orvieto.

PAGE SUIVANTE
Dans le jardin près de Grasse de Tom Parr et Claus Scheinert, disposition en terrasses soulignée par des tapis de pelouses ponctuées de buis.

FOLLOWING PAGE
In Tom Parr and Claus Scheinert's garden, near Grasse, terraced levels are emphasized by lawns punctuated with box.

CI-DESSUS Le bleu des lavandes *(Lavandula)* répond à celui des potées d'agapanthes *(Agapanthus)*.

ABOVE Blue lavender *(Lavandula)* is highlighted by clumps of blue African lilies *(Agapanthus)*.

CI-DESSUS Dans un carré de lavandes, une glycine en arbre *(Wisteria)*.

ABOVE Wisteria in tree form stands in a square of lavender.

CI-DESSUS Mer bleutée d'agapanthes.

ABOVE Sea-blue African lilies.

CI-DESSUS Verger d'agrumes traité "à l'italienne" et ceint de buis régulièrement plantés.

ABOVE An Italian-style orchard of citrus fruits surrounded by box.

JARDINS DE DÉCORATEURS
DESIGNERS' GARDENS

PAGE PRÉCÉDENTE Admirable composition de boules de santolines vertes *(Santolina virens)* encadrées de santolines grises
(Santolina chamaecyparissus) avec, au centre, une jarre d'Anduze du XIXᵉ siècle.

PREVIOUS PAGE An XIXth century Anduzian earthenware jar has been placed in the centre of a collection of green santolinas
(Santolina virens) which are themselves surrounded by grey santolinas *(Santolina chamaecyparissus)*.

CI-DESSUS Petit troène sur tige *(Ligustrum).*

ABOVE Common privet
(Ligustrum) clipped into tree form.

CI-DESSUS La fontaine est soulignée de buis en pots.

ABOVE Box planted in earthenware
pots have been placed in front of the fountain.

PAGE DE DROITE
Terrasses soulignées de buis et de lierre des Canaries
(Hedera canariensis) et dominées
par un champ d'agapanthes *(Agapanthus).*

RIGHT PAGE
A field of African lilies *(Agapanthus)* dominates
the terraces punctuated with box
and ivy *(Hedera canariensis)* from the Canaries.

EJARDINS EXOTIQUES
XOTIC GARDENS

PAGE SUIVANTE

Jardin du couturier Kenzo composé
de bambous, d'érables *(Acer)*, d'iris d'eau
et de rhododendrons.

A DROITE

Feuilles de Bananier.

FOLLOWING PAGE

Fashion designer Kenzo's garden
is composed of bamboos, maple-trees *(Acer)*,
water iris and rhododendrons.

RIGHT

Banana plant.

1.

JARDINS EXOTIQUES
EXOTIC GARDENS

2.   3.   4.

CI-DESSUS 1. Phyllostachys sulfurea. 2. Phyllostachys sulfurea. 3. Phyllostachys 'Kikko'. 4. Phyllostachys pubescens.
ABOVE 1. Phyllostachys sulfurea. 2. Phyllostachys sulfurea. 3. Phyllostachys 'Kikko'. 4. Phyllostachys pubescens.

A GAUCHE A la Bambouseraie de Prafrance,
(Phyllostachys pubescens).
LEFT At the Prafrance Bamboo Nursery in,
(Phyllostachys pubescens).

PAGE SUIVANTE Dans un jardin japonais près de Dublin, quelques bonsaïs en
pots à l'ombre d'un érable du Japon *(Acer palmatum)*.
FOLLOWING PAGE In a Japanese-style garden near Dublin, several potted bonsais
have been placed under the shade of a Japanese maple-tree *(Acer palmatum)*.

111

A GAUCHE
Datura *(Datura suaveolens)*.
LEFT
Datura *(Datura suaveolens)*.

A DROITE
Feuille de *Brachychiton*, 'Peuplier d'Australie'.
RIGHT
Brachychiton leaf, 'Peuplier d'Australie'.

JARDINS EXOTIQUES
EXOTIC GARDENS

Dans le jardin d'Yves Saint Laurent et de Pierre Bergé à Marrakech, mélange de papyrus commun *(Cyperus alternifolius)*, de yuccas *(Yucca elephantipes)* et de palmiers dattiers.
In Yves Saint Laurent and Pierre Bergé's garden in Marrakesh, a display of papyrus *(Cyperus alternifolius)*, yuccas *(Yucca elephantipes)* and date palms.

Jardins Exotiques
EXOTIC GARDENS

1.   2.   3.

4.   5.   6.

CI-DESSUS 1. Héliconia. 2. Graines de palmier. 3. Dracaena. 4. *Alpinia speciosa*. 5. *Jatropha*. 6. *Alpinia*.
ABOVE 1. Heliconia. 2. Palm tree seeds. 3. Dracaena (Dragon tree). 4. *Alpina speciosa*. 5. *Jatropha*. 6. *Alpina*.
A DROITE Héliconia.
RIGHT Heliconia.

PAGE SUIVANTE
Jardin d'eau où poussent
des papyrus du Nil *(Cyperus papyrus)*
dans une maison californienne.

FOLLOWING PAGE
In front of this
Californian home, papyrus *(Cyperus papyrus)* are
the highlight of the water garden.

S PETITS JARDINS
MALL GARDENS

PETITS JARDINS
SMALL GARDENS

CI-DESSOUS

En Normandie, chez la journaliste Isabel Canovas, les carrés de buis sont ponctués d'ifs *(Taxus baccata)* taillés en forme de cônes et de rosiers-tiges 'Centenaire de Lourdes'. Derrière le banc en teck, un massif d'hortensias roses *(Hydrangea macrophylla)*.

BELOW

In Normandy, at the home of journalist Isabel Canovas, box hedges are punctuated with cone-shaped yews *(Taxus baccata)* and 'Centenaire de Lourdes' rose trees. Behind the teak bench, there is a clump of pink hydrangeas *(Hydrangea macrophylla)*.

PAGE SUIVANTE
Vue d'avion du jardin d'Isabel Canovas.
On voit clairement l'architecture des deux jardins séparés
par des murs d'ifs et une allée de grès.

FOLLOWING PAGE
An arial view of Isabel Canovas's garden.
One can clearly see the architecture of the two gardens
separated by a wall of yew and a sandstone path.

PETITS JARDINS
SMALL GARDENS

CI-DESSOUS

Chez Isabel Canovas, buis et ifs encadrent des massifs de roses: à gauche,
la rose 'Madame Meilland' et à droite, la rose 'Grand Siècle'.

A DROITE

Inflorescence de Phlox
(Phlox paniculata).

BELOW

At Isabel Canovas's home, box and yew frame rose beds. To the left,
'Madame Meilland' roses and to the right, 'Grand Siecle' roses.

RIGHT

An inflorescence of Phlox
(Phlox paniculata).

PAGE SUIVANTE

Chez la créatrice de meubles Julie Prisca, un jardin d'herbes
dans une cour carrée. Dans les carrés de buis, on trouve
successivement du basilic *(Ocimum basilicum)*, du thym argenté
(Thymus), de la ciboulette *(Allium schoenoprasum)*,
de la sauge officinale pourpre *(Salvia officinalis* 'Purpurea')*.

FOLLOWING PAGE

At the home of furniture designer Julia Prisca, a herb garden
has been planted in a square of box.
One successively sees basil *(Ocimum basilicum)*, silver thyme
(Thymus), chives *(Allium schoenoprasum)*
and officinal purple sage *(Salvia officinalis* 'Purpurea')*.

130

PETITS JARDINS
SMALL GARDENS

A GAUCHE

Le pavot *(Papaver orientale)*.

LEFT

A poppy *(Papaver orientale)*.

PAGE SUIVANTE EN HAUT

Dans le jardin blanc de Ghislaine Leven, le banc est encadré de lauriers
roses blancs *(Nerium oleander)*. Au premier plan, hostas *(Hosta)*
associés à des bruyères *(Erica)* et des hortensias *(Hydrangea macrophylla)*.

PAGE SUIVANTE EN BAS

Association de gypsophile *(Gypsophila)*, de sauge sclarée *(Salvia sclarea)*,
de fenouil *(Foeniculum vulgare)* et de tabac d'ornement *(Nicotiana)*.

FOLLOWING PAGE ABOVE

In Ghislaine Leven's white garden, a bench is framed by white laurel
(Nerium oleander). In the foreground, a composition of hostas
(Hosta), heather *(Erica)*, and hydrangeas *(Hydrangea macrophylla)*.

FOLLOWING PAGE BELOW

A composition of gypsophila *(Gypsophila)*, clary sage *(Salvia sclarea)*,
fennel *(Foeniculum vulgare)* and tobacco plants *(Nicotiana)*.

PETITS JARDINS
SMALL GARDENS

CI-DESSOUS

Dans un petit jardin de l'Ile de Ré, à l'ombre du saule-pleureur *(Salix x chrysocoma)*, une cordyline en pot *(Cordyline australis)*.
Au fond, un mûrier blanc à feuilles de platane *(Morus alba)*.

BELOW

In a small garden on the Ile de Ré, a cordyline *(Cordyline australis)* in a pot stands in the shade of a weeping willow tree *(Salix x chrysocoma)*.
In the background, a white mulberry tree with plane tree leaves *(Morus alba)*.

A DROITE

Une clématite *(Clematis)*
'Madame Lecoultre'.

RIGHT

A clematis *(Clematis)*
'Madame Lecoultre'.

PAGE SUIVANTE

Chez Pierre Bergé, les astilbes *(Astilbe)* roses et les capucines
(Tropaeolum majus) se détachent sur une haie de buis.
A droite, un houx panaché sur tige *(Ilex aquifolium variagata)*.

FOLLOWING PAGE

At the home of Pierre Bergé, pink goats' beards *(Astilbe)*
stand out against and nasturtium a box hedge.
On the right, a variegated holly tree *(Ilex aquifolium variagata)*.

A GAUCHE

Hortensia blanc
(*Hydrangea
heteromala*).

PAGE SUIVANTE

Un "petit jardin" dans
le très beau parc
du Bois des Moutiers
à Varengeville-sur-Mer,
ceint de murs
d'ifs *(Taxus baccata)*.
Ce "jardin blanc"
est composé de plusieurs
carrés de rosiers
'Iceberg', de mauves
(Malva) et de
dahlias *(Dahlia)* entourés
de buis.

LEFT PAGE

A white hydrangea
(*Hydrangea heteromala*)

FOLLOWING PAGE

A "small garden"
enclosed by walls of yew
(Taxus baccata)
in the beautiful Bois des
Moutiers park in
Varengeville-sur-Mer.
This "white garden" is
composed of
several squares that
include mauves
(Malva), dahlias *(Dahlia)*
and 'Iceberg'
roses surrounded
by box.

CI-DESSUS Devant la maison de David Green, le président de Colefax and Fowler, mélange d'anémones du Japon *(Anemone hupehensis)*,
de buis boules *(Buxus sempervirens)* et de roses anciennes *(Rosa gallica)*.

ABOVE In front of Colefax and Fowler president David Green's house, a composition of Japanese anemones *(Anemone hupehensis)*,
box spheres *(Buxus sempervirens)* and ancient rose bushes *(Rosa gallica)*.

CI-DESSOUS Toujours chez David et Judy Green, buis en pots sur fond d'érable doré du Japon *(Acer japonicum* 'Aureum'),
de glycine sur tige *(Wisteria)*, de seringa *(Philadelphus)*.

BELOW Still at David and Judy Green's home, box has been planted in pots against a background of golden Japanese maple trees
(Acer japonicum 'Aureum'), wisteria *(Wisteria)* in tree form and mock orange trees *(Philadelphus)*.

M
JARDINS MÉDITERRANÉENS
MEDITERRANEAN GARDENS

A GAUCHE

Chez Nicole de Vesian, à Bonnieux, subtil
mélange de lavandes *(Lavandula)*
taillées en boules ou laissées en fleurs.

LEFT

In Nicole de Vesian's garden in Bonnieux,
lavender *(Lavandula)*, shaped
in demi-spheres or left to flowercreates
a subtle yet dramatic effect.

PAGE SUIVANTE

Au milieu des lavandes, sur la gauche,
un cerisier *(Prunus cerasus)*.
Sur la droite, quatre cyprès taillés en
cylindres *(Cupressus sempervirens)*

FOLLOWING PAGE

Amidst the lavender, left, a cherry tree
(Prunus cerasus). Right,
four cypress *(Cupressus sempervirens)*
trees clipped into cylindrical forms.

JARDINS MÉDITERRANÉENS
MEDITERRANEAN GARDENS

A GAUCHE ET CI-DESSUS

Toujours dans le très beau jardin de Nicole de Vesian, à Bonnieux, un camaïeu de gris et de verts
composé de buis (*Buxus sempervirens*), de santolines grises (*Santolina chamaecyparissus*) et vertes (*Santolina virens*), de lavandes (*Lavandula*),
de lauriers-tins (*Viburnum tinus*) argentés d'un jeune figuier (*Ficus carica*) et de cardons.

LEFT AND ABOVE

In Nicole de Vesian's beautiful garden in Bonnieux, a palette of greys and greens.
She has used box (*Buxus sempervirens*), grey santolinas (*Santolina chamaecyparissus)*, green santolinas (*Santolina virens*), lavenders *(Lavandula),*
Laurustinus (*Viburnum tinus*), and a young fig tree (*Ficus carica*).

L'une des terrasses de ce jardin de Bonnieux est composée de pieds de lavande *(Lavandula)*
soigneusement taillés avant la floraison afin de composer un parterre
de boules de verdure. Les cyprès *(Cupressus)* ont été taillés en forme de colonnes pour rompre l'ensemble avec des formes verticales.

In this part of the garden in Bonnieux, lavender *(Lavandula)*,
is carefully cut before it flowers in order to create a terrace of green demi-spheres. The cypress trees *(Cupressus)*
have been clipped into cylindrical columns to offer a vertical viewpoint.

Chez Bruno et Dominique Lafourcade, un bassin devant la maison se déverse dans ce petit canal bordé d'oreilles d'ours (*Stachys lanata*).
De part et d'autre, des oliviers (*Olea europea*) en pots ponctuent le canal.

In front of Bruno and Dominique Lafourcade's garden, a pool flows into a small canal bordered with lamb's tongue *(Stachys lanata)*.
Olive trees (*Olea europea*) punctuate the canal on both sides.

Jardins Méditerranéens
MEDITERRANEAN GARDENS

CI-DESSOUS Chez la styliste Agnès Comar, au travers d'une vigne-vierge (*Parthenocissus quinquefolia*), la fontaine est ombragée
par les frênes pleureurs (*Fraxinus excelsior* 'Pendula').
BELOW In Agnès Comar's garden, an archway of Virginia creeper (*Parthenocissus quinquefolia*) leads to a fountain shaded
by weeping ash trees (*Fraxinus excelsior* 'Pendula').

A DROITE Calade créée par Dominique Lafourcade pour son jardin d'herbes entouré de topiaires de buis et de coussins de santolines grises.
RIGHT A pebble and stone design created by Dominique Lafourcade
for her herb garden is surrounded by topiaran box sculptures and cushions of grey santolina.

PAGE SUIVANTE
EN HAUT En Provence, sur un fond de cyprès imaginé
par Russell Page, se dessine un lit d'arums d'Ethiopie (*Zantedeschia
aethiopica*) bordé de pittosporums.
EN BAS Dans un jardin dessiné par Jacques Wirtz, la piscine noire est ponctuée
par un banc blanc. Tout autour, derrière une haie de buis
(*Buxus sempervirens*) qui se termine en forme de boule, du sénéçon (*Senecio greyii*),
des agapanthes en feuilles (*Agapanthus*), du gypsophile (*Gypsophila*), des rudbec-
kias (*Rudbeckia*), des anthémis (*Anthemis*) et des achillées (*Achillea*).

FOLLOWING PAGE
ABOVE In a garden in Provence, designed by Russell Page,
a backdrop of cypress trees highlights a border of arum lilies (*Zantedeschia
aethiopica*) edged with pittosporums.
BELOW In a garden designed by Jacques Wirtz, a white bench
has been placed on the edge of the black swimming pool. The pool is surrounded
by a box (*Buxus sempervirens*) hedge that ends with
two topiarian spheres. Behind, groundsel (*Senecio greyii*), African lilies (*Agapanthus*),
Gypsophila (*Gypsophila*), cone flowers (*Rudbeckia*), Anthemis and Achillea.

A Bonnieux, chez Nicole de Vesian, harmonie de gris et de verts
grâce aux buis *(Buxus sempervirens)*, bien sûr, aux éléagnus *(Elaeagnus ebbingei)*, aux lauriers d'Apollon
(Laurus nobilis) et aux immortelles *(Helichrysum)*.

At the home of Nicole de Vesians in Bonnieux, a wonderful harmony
of greens and greys has been achieved by using box *(Buxus sempervirens)*, *(Elaeagnus ebbingei)*, bay laurel
(Laurus nobilis) and immortelles *(Helichrysum)*.

PAGE PRÉCÉDENTE
Chez la décoratrice Michèle Bellaiche, la piscine en ciment
façon bassin est entourée de lauzes et de près de 2000 santolines grises
(Santolina chamaecyparissus) taillées en boules.

PREVIOUS PAGE At the home of designer Michèle Bellaiche, the cement
swimming pool similie pond is surrounded by paving stones and approximately
2000 grey santolinas *(Santolina chamaecyparissus)* cut into demi-spheres.

Jardins Méditerranéens
MEDITERRANEAN GARDENS

Devant une fontaine cernée de lauriers d'Apollon,
des herbes officinales entourées de buis en boules et en cônes animent une cour
dessinée par Dominique Lafourcade.

Bay laurel in front of the fountain, and official herbs
surrounded by topiarian box in sphere and conical shapes, enhance this courtyard
designed by Dominique Lafourcade.

PAGE SUIVANTE

L'exubérance des pérovskias (*Perovskia atriplicifolia*) aux fleurs tubulaires bleu
lavande est le reflet de la fête estivale dans ce jardin de
la côte d'Azur. Les agaves d'Amérique (*Agave americana*) viennent compléter
la forme du banc de Claude Lalanne.

FOLLOWING PAGE

The exuberance of Russian sage (*Perovskia atriplicifolia*), with its lavender blue
tubular flowers, reflects the summer atmosphere in this garden
on the Côte d'Azur. The symmetry of the bench created by Claude Lalanne is
repeated by using American aloe (*Agave americana*) in the background.

CI-DESSUS Une association estivale de bleus et de jaunes avec les agapanthes (*Agapanthus*) et les hémérocalles (*Hemerocallis citrina*).
ABOVE A summery display of blues and yellows with African lilies (*Agapanthus*) and Chinese day lilies (*Hemerocallis citrina*).

CI-DESSOUS Ce très beau rosier ancien se détache sur un champ de lavandes (*Lavandula*).
BELOW This beautiful ancient rosebush is set off by a field of lavender (*Lavandula*).

PAGE SUIVANTE
À la "Landriana", près de Rome, "le Jardin des Orangers" a été composé par Lavinia Taverna comme un tapis persan. On voit très clairement les trois niveaux: les plus hauts sont des érables (*Acer platanoides* 'Globosum'), puis ce sont les orangers (*Citrus sinensis*) et enfin les petites boules de buis africain (*Myrsine africana*).

CI-DESSUS Merveilleux moment que celui de l'éclosion des agapanthes (*Agapanthus*) qui annonce le début de l'été en Provence.
ABOVE Blossoming African lilies (*Agapanthus*) announce the begining of summer in Provence.

CI-DESSOUS Le citronnier *(Citrus)* se détache sur un fond d'agapanthes (*Agapanthus*) et d'hémérocalles (*Hemerocallis fulva*).
BELOW A lemon tree *(Citrus)* stands out against a background of African lilies (*Agapanthus*) and Chinese day lilies *(Hemerocallis fulva)*.

FOLLOWING PAGE
At "Landriana", near Rome, "The Orange Garden" created by Lavinia Taverna resembles the design of a Persian carpet. One can clearly see three levels. The tallest level is planted with Maple trees (*Acer platanoides* 'Globosum'), followed by orange trees (*Citrus sinensis*), with small spheres of African box (*Myrsine africana*) completing the picture.

K JARDINS POTAGERS
KITCHEN GARDENS

JARDINS POTAGERS
KITCHEN GARDENS

1.

2.

JARDINS POTAGERS
KITCHEN GARDENS

CI-DESSOUS Au château de Miromesnil, carottes, choux, poireaux, véronique en épis *(Veronica spicata)*, sauge de Jérusalem *(Phlomis)*
sur fond d'hortensias *(Hydrangea macrophylla)*.

BELOW At the Miromesnil château, carrots, veronica in spiked form *(Veronica spicata)* and Jerusalem sage *(Phlomis)*
against a background of hydrangeas *(Hydrangea macrophylla)*.

PAGE SUIVANTE (1)

Vue de l'allée centrale du potager de Miromesnil: les mixed borders
de fleurs (cosmos, tabac, roses, asters, phlox,
eschscholtzias, campanules) cachent les légumes qui se trouvent plus loin.

FOLLOWING PAGE (1)

A view of the Miromesnil kitchen garden's central alley. Mixed borders of flowers
(cosmos, tobacco plants, roses, asters, phlox, eschscholtzias,
and bell-flowers) conceal the vegetables which are planted further on.

PAGE SUIVANTE (2)

Vue aérienne du potager de Miromesnil
ceint de murs en briques roses.

FOLLOWING PAGE (2)

An arial view of the Miromesnil kitchen garden
which is enclosed by pink brick walls.

JARDINS POTAGERS
KITCHEN GARDENS

Toujours au potager de Miromesnil, l'allée centrale est bordée de fleurs.
A gauche, les campanules *(Campanula persicifolia* 'Alba'), les oreilles de lapin *(Stachys lanata)* et les œillets *(Dianthus)*. A droite, les alstroemères *(Alstroemeria)*
et les phlox *(Phlox)*. Au fond, les achillées *(Achillea)* et les ifs taillés en table *(Taxus baccata)*.

Once again in the Miromesnil kitchen garden, where the central path is bordered by flowers.
On the left, bell-flowers *(Campanula persicifolia* 'Alba'), lamb's tongue *(Stachys lanata)* and carnations *(Dianthus)*. On the right, herb lilies *(Alstroemeria)*, oranges
and phlox *(Phlox)*. In the background, achillées *(Achillea)* and yews clipped to form different levels *(Taxus baccata)*.

JARDINS POTAGERS
KITCHEN GARDENS

CI-DESSOUS

Narcisses sur fond de poiriers *(Pyrus)* en espalier.

BELOW

Narcissus against a background of espalier pear trees *(Pyrus)*.

Jardins Potagers
Kitchen Gardens

PAGE SUIVANTE
Plate-bande de dahlias jaunes 'Le Nil' et de cosmos 'Flash du Klondyke'. Plus loin,
quelques tabacs *(Nicotiana)* et cosmos blancs.

FOLLOWING PAGE
A flower bed composed of yellow dahlias 'Le Nil' and cosmos 'Flash du Klondyke'. Further along,
several tobacco plants *(Nicotiana)* and white cosmos.

JARDINS POTAGERS
KITCHEN GARDENS

A GAUCHE ET A DROITE

Toujours à Saint-Jean-de-Beauregard, dans une allée qui mène au bassin central,
plusieurs variétés d'iris 'Pledge Allegiance',
'Royal Tapestry', 'Rococo' et autres..., et roses 'Fashion 'Fling'.

LEFT AND RIGHT

Once again at Saint-Jean-de-Beauregard, on a path leading to the central pond,
several different varieties of iris, including 'Pledge Allegiance',
'Royal Tapestry' and 'Rococo', amongst others... and lastly, 'Fashion Fling' roses.

JARDINS POTAGERS
KITCHEN GARDENS

A GAUCHE

Au potager de Bosmelet,
une fleur de courge
à 'Trompe d'Albenga'
(Cucurbita pepo).

CI-CONTRE

Au château de Galleville,
le paysagiste
Louis Benech a entouré
les légumes
de petits buis. On aperçoit
des marguerites
(Leucanthemum x
superbum) mêlées aux
légumes déjà à
maturité comme l'oseille
à grandes
feuilles (Rumex acetosa).

CI-DESSOUS

Toujours à Galleville,
des choux, des
laitues, des asperges sur
fond de charmille
(Carpinus betulus).

LEFT

On the left, in the
Bosmelet kitchen garden,
a marrow flower
'Trompe d'Albenga'
(Cucurbita pepo).

OPPOSITE

At the Galleville chateâu,
landscape architect
Louis Benech has
surrounded the vegetables
with low box hedges.
One notices daisies
(Leucanthemum x superbum)
mingling with ripe
vegetables, such as
large-leafed
sorrel (Rumex acetosa).

BELOW

Still at Galleville,
cabbages, lettuces and
asparagus against a
background of hedgerow
(Carpinus betulus).

JARDINS POTAGERS
KITCHEN GARDENS

PAGE DE GAUCHE

1. Iris Sibirica et Perovskias.

2. Sur une pyramide, formée des troncs de trois charmes *(Carpinus betulus)*, ont été palissées des tomates.

PAGE DE DROITE

Au potager de Bosmelet, les capucines *(Tropaeolum)* 'Abricot' poussent dans le carré ambre et sont mélangées aux haricots verts.

PAGE SUIVANTE

Dessinés par Pascal Cribier, les carrés sont remplis de légumes, de plantes officinales et condimentaires (sauge, romarin, ail) et de fleurs Iris Sibirica et Perovskias.

LEFT PAGE

1. Iris Sibirica and Perovskias.

2. Tomatoes have been trained up a pyramid formed from three hornbeam trunks *(Carpinus betulus)*.

RIGHT PAGE

In the Bosmelet kitchen garden, nasturtium *(Tropaeolum)* 'Abricot' have been planted in the amber square, where they mingle with green beans.

FOLLOWING PAGE

Designed by Pascal Cribier, these squares are filled with vegetables, officinal and condiment plants (sage, rosemary and garlic), flowers Iris Sibirica and Perovskias.

B
BOUQUETS DE FLEURS
OUQUETS

A GAUCHE
Hortensias à tiges longues retenus
par un lien de raphia.

LEFT
Hydrangeas with long stems
held together with raffia.

PAGE SUIVANTE
Jardinière de myosotis
et de muscaris bien ficelée dans sa corde
de chanvre et ses feuilles de galacs.

FOLLOWING PAGE
Forget-me-not and muscaris
in a flower pot surrounded by galax leaves
that are firmly tied with hemp.

CI-DESSUS Parterre de pensées.
ABOVE A display of pansies.

PAGE DE DROITE Lis, anémones et gomphréna.
RIGHT Lilies, anemones and gomphrena.

PAGE SUIVANTE
A GAUCHE Feuillage d'auréole
dans un vase habillé de romarin et d'une
tresse de raphia teinté.

A DROITE Vase composé
de bruyères pour un bouquet de pivoines
arbustives et de bruyères.

FOLLOWING PAGE
LEFT Leaves in a vase
covered with rosemary and tied with
a plait of coloured raffia.

RIGHT A vase decorated
with heather beautifully enhances this bouquet
of peonies and heather.

A GAUCHE

Feuilles de chêne, d'arbousier, de laurier,
de sédums roses et de raisins d'Amérique dans un vase entièrement
vêtu de feuilles de magnolia. Une feuille de glaïeul fait le lien.

LEFT

Oak, strawberry tree and laurel leaves,
sedum berries and Virginian poke weed in a vase that has been covered
with magnolia leaves and held in place by a gladioli leaf.

PAGE SUIVANTE

A GAUCHE Branches d'olivier entrelacées et pots de renoncules.
A DROITE Branches de fruits d'églantier et dahlias rouges.

FOLLOWING PAGE

LEFT Entwined olive branches and pots of ranunculus.
RIGHT Branches of rose-hips and red dahlia.

CI-DESSOUS Une feuille d'aspidistra.
BELOW An aspidistra leaf.

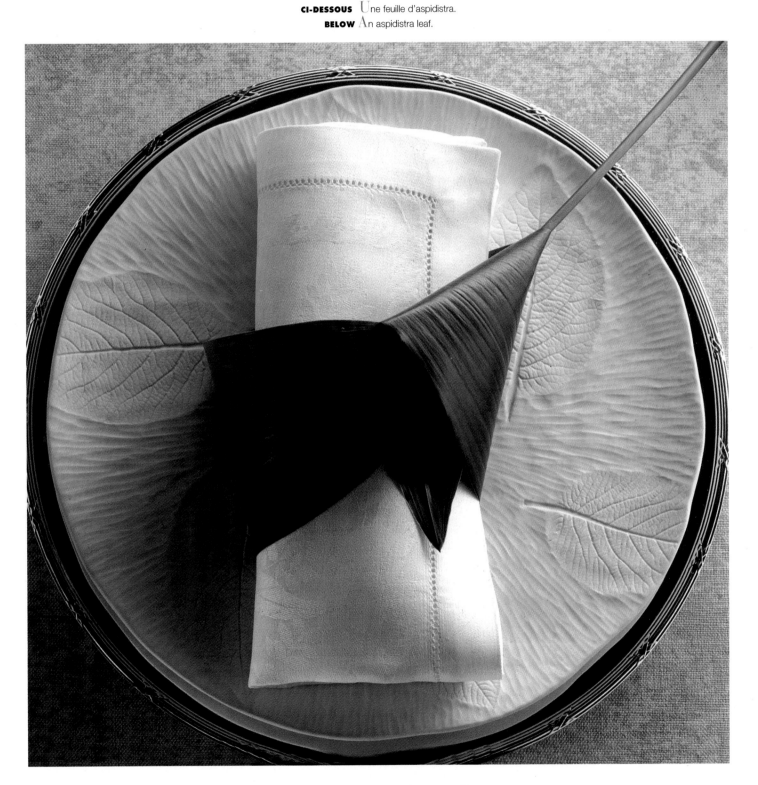

Bouquets de Fleurs
Bouquets

Bouquets de Fleurs
BOUQUETS

BOUQUETS

CI-CONTRE
Couronne de feuillages de buis et de taxus d'où part un fin tressage d'herbes piqué de renoncules.

OPPOSITE
A vase crowned with box leaves and yew, from which plaits composed of herbs and interspersed with ranunculus descend.

CI-DESSOUS
Entrelacs de branches de saule autour d'un vase-boule. Glissées à l'intérieur, éprouvettes gainées de fibres de palmier contenant des nérines et des fougères.

BELOW
Branches of willow are entwined around this round vase. Inside, glass phials covered with palm tree fibres have been filled with nerines and ferns.

A DROITE
Branches de corail emmêlées et arums.

RIGHT
Coral tree twigs and arum lilies.

PAGE SUIVANTE
A DROITE
Lis et oranges des osages sur partition végétale faite de tiges de cornouiller et de polygonum.

A GAUCHE
Composition en spirale de branches de cyprès. Au fond de la coupe, baies de palmier.

FOLLOWING PAGE
RIGHT
Lilies and Osage oranges suspended from a frame made out of cornelian cherry and polygonum.

LEFT
A spiral composition composed of cypress branches. At the base, palm tree seeds.

CI-DESSUS Feuilles d'hortensia et de liquidambar, vigne vierge, chou frisé et petits sarments.
ABOVE Hydrangea, liquidambar, Virginia creeper, curly kale leaves and vine shoots.

PAGE PRÉCÉDENTE

A GAUCHE Quelques brins de viburnum dans une corolle de feuilles d'oropana.
AU CENTRE Brassée de ruscus pour un petit bouquet de sédum.
A DROITE Feuilles de galax mêlées à des fleurs d'arbre à perruque.

A DROITE

Au premier plan, feuilles de kalopanax et fleur d'hortensia séchée.
Dans le vase couleur céladon, rameau de magnolia et vigne vierge.

PREVIOUS PAGE

LEFT Stems of viburnum surrounded by oropana leaves.
CENTRE A mass of ruscus leaves surrounds a small bouquet of sedum.
RIGHT Galax leaves interspersed with wig-tree flowers.

RIGHT

In the foreground, kalopanax leaves and dried hydrangea flowers.
In the celadon-coloured vase, stems of magnolia and Virginia creeper.

Bouquets de Fleurs
BOUQUETS

CI-DESSUS

Fleurs de jardin en pot: dahlias, reines-marguerites, fleurs de carotte et feuilles de chlorophytum.
A l'arrière, branches de chêne et de marronnier.

ABOVE

In the vase, a composition of garden flowers, dahlias, China asters, carrot flowers and chlorophytum leaves.
In the background, branches of oak and horse-chestnut.

PAGE PRÉCÉDENTE

A GAUCHE Vase composé
de mousse et de branchages verts à bourgeons
(osier, saule tortueux, frêne)
pour un bouquet d'avoine et de pavots.
A DROITE Vase composé
de feuilles de palmier pour un ensemble de
roses roses, rouges et jaunes.

PREVIOUS PAGE

LEFT Oats and poppies in a vase covered
with moss and budding twigs (osier, contorted willow and ash).
RIGHT In a vase covered
with palm tree leaves, pink, red and yellow roses.

A GAUCHE

Roses jaune éclatant.

LEFT

Dazzling yellow roses.

PAGE SUIVANTE (1)

A GAUCHE Hortensias et muehlenbeckia en suspension.
A DROITE Chacun dans son soliflore, anémones, fleurs de carottes, tubéreuses,
lierre, branche de safari. Fruits de lotus posés au sol.

FOLLOWING PAGE (1)

LEFT Hydrangeas and muehlenbeckia suspended.
RIGHT Anemones, carrot flowers, tuberoses, ivy, and safari branches,
each in its individual vase. Lotus flower fruits are placed in front.

PAGE SUIVANTE (2)

A GAUCHE Vase orné de chêne américain, d'eucalyptus et
de baies d'églantiers dans une coupe d'amaryllis.
A DROITE Pyramide de huit gobelets de baies d'églantier et de mini-pommes.

FOLLOWING PAGE (2)

LEFT A vase filled with American oak, eucalyptus leaves and
rose-hips is surrounded by amaryllis flowers.
RIGHT A pyramid of eight goblets, each containing rose-hips and crab-apples.

1. Tilleul américain. 2. Mousse.

3. Angéliques et feuille d'hosta dans un lien de raphia. 4. Feuille d'arum.

5. Tête d'hortensia verte. 6. Blé et framboisiers.

ABOVE

1. American lime tree leaves. 2. Moss.

3. Angelica flowers and a hosta leaf tied with raffia. 4. An arum leaf.

5. A green hydrangea flower. 6. Wheat and raspberry branches.

Bouquets de Fleurs
BOUQUETS

PAGE SUIVANTE (1)
A GAUCHE Pyramide de violettes et de santolines.
A DROITE Scabieuses et lisianthus.

FOLLOWING PAGE (1)
LEFT A pyramid of violets and santolinas.
RIGHT Scabious and lisianthus.

PAGE SUIVANTE (2)
Roses de jardin sauvage,
branches d'églantier, "fées des neiges" et ronces.

FOLLOWING PAGE (2)
Wild roses, climbing roses "fées des neiges"
and brambles.

BOUQUETS DE FLEURS
BOUQUETS

A GAUCHE Hortensias orangés et verts. **LEFT** Orange and green hydrangeas.

CI-DESSUS Sur un banc en teck, un panier rempli d'hortensias sur fond de sauges de Jerusalem, de fumeterres et de digitales.
ABOVE A basket filled with hydrangeas
has been placed upon a bench made out of teak. In the background, Jerusalem sage, fumitory and fox-gloves.

PAGE SUIVANTE (1) Lierre, fuchsia, lavande, pelargonium et géraniums dans une corbeille à linge.
FOLLOWING PAGE (1) Ivy, fuchsia, lavender, pelargonium and geraniums in a laundry basket.

PAGE SUIVANTE (2) 1. Agapanthes blanches et baies de troènes noires. 2. Delphinium et baies de troène noires.
3. Ornithogalum à peine ouvert. 4. Eucharis. 5. Delphinium coupé court.
FOLLOWING PAGE (2) 1. White African lilies and black privet berries. 2. Delphinium and black privet berries.
3. Ornithogalum about to flower. 4. Eucharis. 5. Delphinium (stems cut short).

NOUS TENONS À REMERCIER
TOUT PARTICULIÈREMENT DANIEL FILIPACCHI
ET GÉRALD DE ROQUEMAUREL

ET AUSSI:

Marquise de BAGNEUX	Madame André MALLET
Monsieur et Madame BELLAICHE	Monsieur Jean MUS
Monsieur et Madame BEMBERG	Monsieur Daniël OST
Monsieur Louis BENECH	Monsieur Tom PARR
Comte et Comtesse de BOSMELET	Monsieur Claus SCHEINERT
Monsieur Marc BROWN	Monsieur Geert PATTYN
Madame la Baronne de CABROL	Monsieur Arnaud PÉAN
Madame Isabel CANOVAS	Madame Julie PRISCA
Monsieur François CATROUX	Madame Marianne ROBIC
Madame Agnès COMAR	Comte et Comtesse de la ROCHEFOUCAULT
Monsieur Pascal CRIBIER	Baron et Baronnne Elie de ROTHSCHILD
Monsieur Yves CROUZET	Lord ROTHSCHILD
Vicomte et Vicomtesse de CUREL	Monsieur Yves SAINT LAURENT
Monsieur DELAFAILLE	Monsieur Pierre BERGÉ
Monsieur WIRTZ	Hotel SANTA CLARA à Carthagène
Monsieur Toni FACELLA	Monsieur Michel SEMINI
Monsieur Robert GILLET	Monsieur John STEFANIDIS
Monsieur Jacques GRANGE	Monsieur Yves TARALON
Madame Ann HATCH	Monsieur Christian TORTU
Madame David HICKS	Monsieur TARAVELLA et Sonia LESOT
Jardin du «MUSÉE DU SOUVENIR»	Madame Joan TESEI
de Blérancourt	Comte et Comtesse Thierry de VOGÜE
Monsieur Charles JENCKS	Monsieur Peter WARD
Monsieur KENZO	La famille de Madame Lavinia TAVERNA
Monsieur et Madame LAFOURCADE	Hidcote MANOR
Monsieur Jean-François LAPORTE	Westwell MANOR
Madame Ghislaine LEVEN	«LIEU-DIT»
Monsieur MAILLEFER	«AU NOM DE LA ROSE»

POUR LE SHOPPING
«LES PLUS BEAUX BOUQUETS», NOUS REMERCIONS:

Adam AARONSON, ARTCODIF, BACCARAT, Hervé BAUME, C. F. O. C.,
Bernard CARANT pour Florent MONESTIER, CHRISTOFLE, Comptoirs d'Annam, Henry DEAN, DESPALLES,
Monsieur Ettore SOTTSASS pour Edition Limitée, FULMAG,
Monsieur Olivier GAGNÈRE pour Edition Limitée, Galerie FARNÈSE, Monsieur Gillies JONES, HABITAT, Yves HALARD,
LALIQUE, Au BON MARCHÉ, Monsieur Michel LÉO, LIEUX, MANCIOII,
MATHIAS pour Deuxième cour à droite, MIS EN DEMEURE, Florent MONESTIER, PALLADIO, POINT À LA LIGNE,
Madame Julie PRISCA, QUARTZ, RASTELLI, Monsieur Anthony STERN,
The CONRAN SHOP

DIFFUSION MONDIALE / WORLWIDE DISTRIBUTION: MP BOOKLINE INTERNATIONAL,
PARIS, FRANCE.e.mail: mpbookline @ aol.com

IMPRIMÉ PAR AUBIN - B.P. 02 - 86240 - LIGUGÉ

ISBN: 2-906539-10-4